Die Reihe Campusbilder

DIE UNIVERSITÄT DES SAARLANDES

UNIVERSITÄT DES SAARLANDES
UNIVERSITÉ DE LA SARRE

DIE UNIVERSITÄT DES SAARLANDES

Impressionen aus 60 Jahren

Wolfgang Müller

Sutton Verlag GmbH

Hochheimer Straße 59

99094 Erfurt

www.suttonverlag.de

Copyright © Sutton Verlag, 2008

ISBN: 978-3-86680-396-1

Druck: Books on Demand GmbH, Norderstedt, Deutschland

Kunst auf dem Campus Saarbrücken: die Plastik „Automedon" von Oswald Hiery.

Inhaltsverzeichnis

Bildnachweis

Ursula Abt: S. 119–122
Charles André: S. 105
Walter Barbian: S. 88, 114
das bilderwerk: S. 4, 123, 126
Bild- und Filmstelle Universität Leipzig: S. 115
Harald Boockmann: S. 86
Sven Hartkorn: S. 125
Paul Hartmann: S. 11
Ferdi Hartung: S. 99, 100, 105, 110
Foto Scherer: S. 10
Doris Ibach: S. 66, 67
Leo Jungmann: S. 73-77
Keystone: S. 13
M. Klippel: S. 87
Rüdiger Koop: S. 124
Ottmar Lambach: S. 100, 104
Dr. Manfred Leber: S. 127
Iris Maurer: S. 125
Foto Messinger: S. 109
M.R. Platte: S. 25, 30, 31, 35, 36, 49, 65, 86
Heinz Portz: S. 85
Presse- und Informationsamt der Bundesregie-
    rung: S. 90–93, 95, 96
Presse Photo Actuelle: S. 24, 37, 40, 41, 44, 48,
    64, 78, 81, 82
Jörg Pütz: S. 124
Helene Rafflenbeul: S. 118
Rolf Ruppenthal: S. 114
Julius C. Schmidt: S. 82, 89, 97, 98, 101–103,
    106, 108, 109, 111, 113, 115
Gerd Schulthess: S. 94, 95
Martin Wiatr: S. 123
Foto Winkler: S. 127
Kurt Winter: S. 17, 18, 20, 21, 23, 25, 26, 27, 31,
    46–48

Sammlung José Adams: S. 69
Sammlung Prof. Dr. Joseph- François Angelloz:
    S. 2, 22, 28, 29, 32–39, 42, 43, 45, 50–54,
    56–63
Sammlung Dr. Max Bamberg: S. 27
Sammlung Elisabeth Barriol-Masson: S. 23
Sammlung Prof. Dr. Dieter Biehl: S. 70–72
Sammlung Dr. Elfriede Dünnebier: S. 34
Sammlung Europa-Institut: S. 117
Sammlung Ambrosius Fritzen: S. 67, 69
Sammlung Gertrud Guth: S. 63
Sammlung Liselotte Haumesser: S. 10
Sammlung Dr. Richard Hünnighausen: S. 40
Sammlung Dr. Raymond Jochum: S. 14–16
Sammlung Edgar Kühn: S. 49
Sammlung Regina Paquet: S. 17, 24
Sammlung Pressestelle: S. 108, 110, 111, 112,
    116, 117, 118
Sammlung Rektorat: S. 12, 18, 20, 22, 30, 56,
    60, 64, 68, 80, 83–87
Sammlung Prof. Dr. Franz J. Ronig: S. 78
Sammlung Franz Ludwig Triem: S. 49, 68
Sammlung Benno Wind: S. 44
Sammlung Dr. Franz-Josef Zapp: S. 55
Sammlung Edith Zech: S. 47

Einleitung

Dieser Band lädt zu einer facettenreichen Begegnung mit der wechselvollen Geschichte der Universität des Saarlandes ein. Die erste nach dem Zweiten Weltkrieg neu gegründete linksrheinische Hochschule entstand 1948 in der Sondersituation des politisch teilautonomen und ökonomisch durch Wirtschafts- und Währungsunion mit Frankreich verbundenen Saarlandes unter der Ägide Frankreichs und der Universität Nancy. Diese Gründung erfolgte mit europäischer Perspektive und unter Verschmelzung französischer und deutscher Bildungstraditionen, nachdem zunächst im Januar 1946 im damaligen Homburger Landeskrankenhaus klinische Fortbildungskurse für Studierende der Medizin und dann – unter dem Patronat der Universität Nancy – am 8. März 1947 ein „Centre Universitaire d' Études Supérieures de Hombourg" eröffnet worden waren.

Der chronologisch geordnete Bilderbogen spannt sich in vier Kapiteln von der Universitätsgründung bis zur unmittelbaren Gegenwart, wobei jeder Abschnitt mit einer knappen historischen Einführung versehen ist. Nach den „Homburger Ursprüngen 1946 bis 1948" richtet sich der Blick auf „Die Anfänge der zweisprachigen Universität mit europäischer Orientierung und internationalem Flair 1948 bis 1956" und „Die Universität des Saarlandes als moderne und jüngste deutsche Universität 1957 bis 1969". Der abschließende Ausblick illustriert schließlich die Entwicklung „Vom hochschulpolitischen Umbruch zum neuen Jahrtausend 1969 bis 2008".

Die für diesen Band ausgewählten Fotos stammen aus der Fotosammlung des 1991 eingerichteten Archivs der Universität des Saarlandes. Die Fotosammlung vereint jedoch nicht nur die in Rektorat und Pressestelle seit den universitären Anfängen mehr oder weniger regelmäßig gesammelten Bilddokumente. Das Universitätsarchiv hat die Überlieferung auch bei Zeitzeugen-Gesprächen mit früheren Studierenden und Mitgliedern der Universität und damit verbundenen umfangreichen Recherchen nach privaten Fotos und Sammlungen beträchtlich erweitert. So konnte dank der Unterstützung der Familie unter anderem das rund 370 Fotos umfassende Album des zweiten Rektors der Universität, Prof. Dr. Joseph-François Angelloz, reproduziert und damit eine einzigartige Dokumentation der farbigen Gründungsphase zwischen 1948 und 1956 gesichert werden. Ebenso verwahrt das Universitätsarchiv beispielsweise die Alben des Gründungsdirektors der Universitätsbibliothek, Norbert Schuller, des ersten Generalsekretärs André Charles Schneider und der Naturwissenschaftlichen Fakultät.

Auch um ihre Verbundenheit zu ihrer Alma mater zu dokumentieren, die ihnen nach Diktatur, Krieg, Gefangenschaft und den Nöten der unmittelbaren Nachkriegszeit die Chance zum Studium und zum Aufbau einer beruflichen Existenz eröffnet hatte, stellten viele Studierende der „frühen Jahre" großzügig ihre privat gefertigten oder gesammelten Fotos zur Verfügung. Aus dieser Überlieferungsdichte resultiert der bewußt gewählte Schwerpunkt im zweiten Kapitel. Während eine kürzlich erhaltene umfangreiche Sammlung das universitäre Geschehen in den 1960er Jahren abbildet, werden seit 1991 in enger Zusammenarbeit zwischen Universitätsarchiv und Pressestelle die aktuellen Ereignisse fotografisch dokumentiert. Denn die fortschreitende Dokumentation und Erforschung der Universitätsgeschichte ist eine bleibende und lohnende Aufgabe. Einen Überblick über die verschiedenen Ausstellungen und Publikationen des Universitätsarchivs finden Interessierte in der laufend aktualisierten Internet-Präsentation zur Geschichte der Universität des Saarlandes unter

http://www.uni-saarland.de/de/profil/geschichte/.

Abschließend bleibt allen herzlich zu danken, die diesen Band durch ihre Fotos ermöglicht und bereichert haben. Mein besonderer Dank gilt zunächst der Kollegin in der Zentralen Universitätsverwaltung, Evelyne Engel, die für die erste, 2002 erschienene und inzwischen vergriffene Ausgabe Bildpräsentation, Satz und Layout gestaltet hat, sowie dem Sutton Verlag, der die Anregung zu einer aktualisierten Neuauflage zum 60. Universitätsjubiläum gern aufnahm. Schließlich danke ich ebenso herzlich dem Präsidenten der Universität des Saarlandes, Prof. Dr. Volker Linneweber, für seine engagierte Unterstützung des Projekts, Dr. Johannes Abele, Claudia Ehrlich und Dr. Petra Roscheck für kollegiale Gespräche und wünsche den Leserinnen und Lesern des Bandes viele interessante Impressionen beim Spaziergang durch die Geschichte der Universität des Saarlandes.

Wolfgang Müller
Saarbrücken, im Juli 2008

1

Homburger Ursprünge
(1946 bis 1948)

Mit Genehmigung der französischen Militärregierung begannen am 15. Januar 1946 im Homburger Landeskrankenhaus medizinisch-klinische Fortbildungskurse für die aus Krieg und Gefangenschaft heimkehrenden saarländischen Studierenden der Medizin. Nachdem die 1946 wiederbegründete Universität Mainz eine Anerkennung dieser Lehrveranstaltungen abgelehnt hatte, wandte sich der damalige Militärgouverneur, spätere Hohe Kommissar und französische Botschafter an der Saar, Gilbert Grandval, an den ihm aus der Résistance bekannten Rektor der Universität Nancy, Pierre Donzelot. Man diskutierte die Gründung eines „Institut de Médecine" als Teil der Universität Nancy und beschloß schließlich die Errichtung eines am 8. März 1947 in Homburg in Anwesenheit hoher französischer und saarländischer Repräsentanten eröffneten „Institut d'Études Supérieures de l'Université de Nancy en territoire sarrois". Diese Einrichtung wurde dann in ein im Februar 1948 den Lehrbetrieb auch in den nichtmedizinischen Fächern aufnehmendes „Institut Supérieur de Homburg" umgewandelt und von einem paritätisch mit französischen und saarländischen Persönlichkeiten besetzten Verwaltungsrat geleitet. Es war sicher kein Zufall, daß schließlich am 9. April 1948 in einer im französischen Außenministerium stattfindenden Sitzung des erweiterten „Conseil d'Administration de l'Institut de Homburg" die Weichen für die Gründung einer Universität des Saarlandes in Saarbrücken gestellt wurden und der in der zeitgenössischen Erinnerung legendäre Streik der Studierenden des Homburger Instituts im Mai 1948 diese Entwicklung beschleunigte.

Offizielle Eröffnung der Homburger Hochschulkurse. Militärgouverneur Gilbert Grandval –
zweiter von rechts – besucht am 28. Januar 1946 das Homburger Landeskrankenhaus.

Festakt zur Eröffnung des „Institut Sarrois d'Études Supérieures de l'Université de Nancy" am
8. März 1947 in Anwesenheit hoher Repräsentanten der Französischen Republik. Von links:
Administrateur Général Émile Laffon, Erziehungsminister Marcel-Édmond Naegelen und Militärgouverneur Gilbert Grandval.

Während der Ansprachen: Rektor Pierre Donzelot (Nancy), später auch Präsident des Verwaltungsrates der Universität des Saarlandes, ...

... und Militärgouverneur Gilbert Grandval.

Gebäude auf dem Homburger Campus

Im Gespräch – von links – Prof. Dr. Rudolf Wilhelm (Orthopädie), der erste Direktor des Homburger Instituts Dekan Louis Merklen (Nancy) und Prof. Dr. Carl-Erich Alken (Urologie)

Vorlesung mit Prof. Dr. Louis Gougerot (Nancy) im Fach „Physique médicale"

Lehren und ...

... Lernen

„Sommeridyll", 1947

Die in Homburg tätigen Dozenten und Mitarbeiter der Medizinischen Fakultät der Universität Nancy

Der für die Beförderung zwischen Nancy und Homburg und die Organisation der Lehrveranstaltungen unverzichtbare Fahrdienst

Der legendäre Streik der Studierenden des Homburger Instituts: Protestmarsch am 14. Mai 1948 und Übergabe der Resolution

„Friedensschluß" am 21. Mai: Eine Delegation der Regierung des Saarlandes mit Ministerpräsident Hoffmann – im weißen Mantel – besucht den Homburger Campus.

Studentische Impressionen

2

Die Anfänge der zweisprachigen Universität mit europäischer Orientierung und internationalem Flair (1948 bis 1956)

Als „Werkzeug einer wahrhaft europäischen Gesinnung" bezeichnete der aus Nancy kommende Gründungsrektor Prof. Dr. Jean Barriol die neue Universität, die im November 1948 ihre Pforten öffnete und den französischen Außenminister Robert Schuman zu ihren ersten Besuchern zählte. Während die Philosophische und die Rechts- und Wirtschaftswissenschaftliche Fakultät die frühere Below-Kaserne im St. Johanner Stadtwald bezogen, verblieben die Naturwissenschaftliche Fakultät bis zum Umzug 1950 und die Medizinische Fakultät bis heute in Homburg. „Wir bekennen uns als europäische Universität", proklamierte der zweite Rektor, der „pragmatische Visionär" und durch Studien zu Goethe und Rilke profilierte französische Germanist Prof. Dr. Joseph-François Angelloz, bei seinem Amtsantritt im November 1950. Er setzte den „Aufbau aus dem Nichts" engagiert fort und begründete bereits ein Jahr später das Europa-Institut. Auf dem Campus boten bald die 1954/55 vollendeten Neubauten der Universitätsbibliothek und der Philosophischen Fakultät neue architektonische Blickpunkte. Der internationale Lehrkörper, die zweisprachige Universität und viele internationale Begegnungen boten den Studierenden der frühen Jahre fast einzigartige, prägende Anregungen. Das Votum der Volksabstimmung vom 23. Oktober 1955 gegen eine mögliche Europäisierung des Saarlandes und der folgende politische Umbruch beeinflußten auch die Universität, die nach einer zeitgenössischen Schlagzeile nun „in deutsche Hände" gehörte. In den Strukturen vollzog sich eine Abkehr vom hierarchisch-zentralistischen Rektoratssystem französischer Prägung zum deutschen System kollegialer und dezentraler Mitverantwortung der Fakultäten. Im Oktober 1956 trat der erste deutsche Rektor Prof. Dr. Heinz Hübner sein Amt an. Im Zuge der Veränderungen verließen zahlreiche französische Professoren, Dozenten und Mitarbeiter bis zum 30. September 1957 die Universität.

Die Universität des Saarlandes – l'Université de la Sarre – nimmt im November 1948 in der ehemaligen Below-Kaserne im St. Johanner Stadtwald den Lehrbetrieb auf.

Blick auf das Rektorat

Wiederaufbau auf dem Campus

Gründungsrektor Prof. Dr. Jean Barriol, erster Lehrstuhlinhaber für „Chimie théorétique" in Frankreich

Am 15. Dezember 1948 besucht der französische Außenminister und Pionier der europäischen Einigungsbewegung Robert Schuman – dritter von links – die neue Universität.

Robert Schuman während seiner Ansprache

Beim Verlassen der Aula. In der zweiten Reihe links Ministerpräsident Johannes Hoffmann, rechts Hochkommissar Gilbert Grandval.

Studentische Aufführung von Klopstocks „Messias" am 19. März 1949

Konzert in der Aula, 1949

Studierende vor Gebäude 4

Im Hörsaal der Rechts- und Wirtschaftswissenschaftlichen Fakultät

Vor einer Exkursion des Geographischen Instituts im Januar 1949

Exkursion zum Scheidterberg

Exkursion nach Blieskastel, 1949

Beim Umzug des Chemischen Instituts von Homburg nach Saarbrücken, 1950

Rektorat mit der französischen Flagge

Rektorat mit der saarländischen Flagge

Die Mensa, um 1950

Blick vom Rektorat zum Haupttor, um 1950

Campus-Impressionen aus den frühen Jahren

Immatrikulationsfeier am 6. November 1950 – Blick auf den Lehrkörper

Während dieser Feier proklamiert der neue Rektor Prof. Dr. Joseph-François Angelloz – am Rednerpult – die Universität des Saarlandes als „europäische Universität".

Außerdem verleiht er einer aus Caen kommenden neuen Studentin der Philosophischen Fakultät das akademische Bürgerrecht.

Der Rektor im Gespräch – von links – mit Ministerpräsident Johannes Hoffmann, Kultusminister Dr. Emil Straus und Hochkommissar Gilbert Grandval

Weihnachtsfeier in der Universität am 23. Dezember 1950

In Homburg Medizinerball, 1951

Am 14. März 1951 besuchen Abgeordnete des Landtages des Saarlandes die Universität und unter anderem das Chemische Institut, ...

... den Lesesaal der Universitätsbibliothek ...

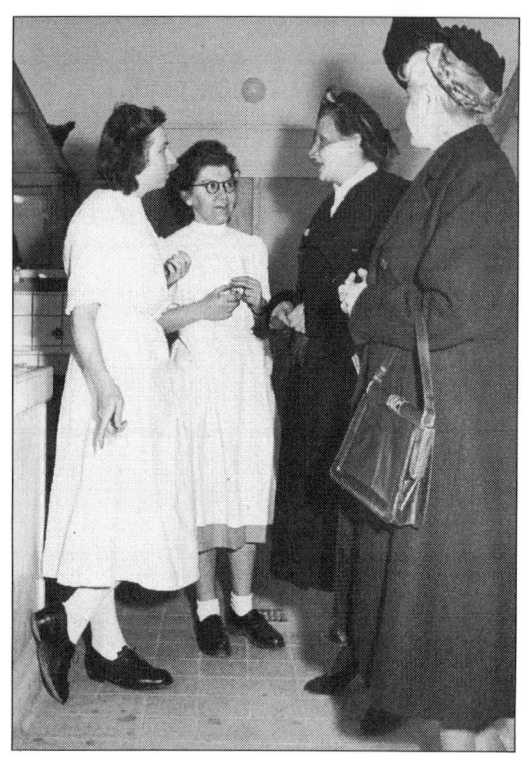

... und ein Labor.

Am 20. April 1951 verleiht Hochkommissar Gilbert Grandval dem früheren Rektor Prof. Dr. Jean Barriol – links – den Orden der Ehrenlegion und dem ehemaligen Prorektor Prof. Dr. Carl-Erich Alken – rechts – die „Palmes académiques".

Am 24. April 1951 wird die von der Studentenschaft maßgeblich initiierte „Universitätswoche" eröffnet.

Die Werbetafel betont das besondere europäische Profil der Universität des Saarlandes.

Besichtigung der Labors

Mitglieder der „École Nationale d'Arts et Métiers" Lille besuchen am 22. Juni 1951 die Universität des Saarlandes.

Eine Delegation der Medizinischen Fakultät besucht Ende Juni 1951 die Firma „SPECIA Rhône Poulenc", die seit 1950 die besten medizinischen Examina auszeichnet.

Empfang ausländischer Studierender am Hauptbahnhof Saarbrücken, 1951

Besuch einer Saarbrücker Delegation in Aix-en-Provence, 1951. Beide Universitäten sind seit Januar 1950 durch eine „Amicale" verbunden.

Rektor Prof. Dr. Joseph-François Angelloz begrüßt die Bergmannskapelle bei der Immatrikulationsfeier am 6. November 1951.

Der französische Politiker und Gastprofessor der Universität des Saarlandes, Prof. Dr. André
Philip, hält am 6. November 1951 die Festansprache und eröffnet auch das neue Europa-Institut.

Hochkommissar Gilbert Grandval schenkt der Universitätsflugsportgruppe am 9. Dezember 1951 auf dem Flugplatz St. Arnual ein neues, auf den Namen „Europa" getauftes Flugzeug.

Verteidigung der ersten Dissertation der Philosophischen Fakultät am 14. März 1952 – von links Prof. Dr. Friedrich Hirth (Mainz), Rektor Prof. Dr. Joseph-François Angelloz, Prof. Dr. Maurice Bémol und der Doktorand Dr. Günter Schweig.

Gründung der „Vereinigung der Freunde der Universität des Saarlandes" am 12. Mai 1952 unter anderem mit Ministerpräsident Johannes Hoffmann in der Mitte.

Die saarländische Gruppe der „Vereinigung der Hörer der Haager Völkerrechtsakademie" veranstaltet Anfang Juni 1952 eine internationale Studientagung an der Universität des Saarlandes.

Aufführung von Shakespeares „Macbeth" am 3. Juli 1952

Nach der Immatrikulationsfeier am 5. November 1952 begeben sich die Ehrengäste zur Grundsteinlegung der neuen Universitätsbibliothek.

Rektor Prof. Dr. Joseph-François Angelloz – rechts – bei seiner Ansprache: „Wir bauen eine Kathedrale des Geistes, die der Jugend der ganzen Welt gehört".

Blick auf die Fundamente der neuen Universitätsbibliothek.

Der Rektor im festlichen Talar

Prof. Dr. Ernst Zinn verliest die einzu-
mauernde lateinische Urkunde.

Die Urkundenkapsel wird verlötet.

Mitarbeiterinnen der Universitätsbibliothek
posieren am Grundstein.

Der erste Neubau auf dem Campus entstand nach den Entwürfen des Stuttgarter Architekten Prof. Dr. Richard Döcker. Das auch auf der 30-Franken-Briefmarke abgebildete Gebäude wird am 9. November 1954 der Öffentlichkeit vorgestellt und entwickelt sich zu einem Wahrzeichen der Universität.

Bei den zwei „Professorenhäusern" am Kleinen Bartenberg in Scheidt konnte bereits am 6. Dezember 1952 Richtfest gefeiert werden.

Besuch am neuen Europa-Institut Turin am 23. März 1953. In der Mitte mit Aktenmappe Prof. Dr. Guy Michaud, der stellvertretende Direktor des Saarbrücker Europa-Instituts.

Studierendengruppe um 1953 vor der Saarbrücker Mensa

Vortrag Theodor Plieviers am 18. Mai 1953

Unter den Zuhörern in der ersten Reihe Rektor Prof. Dr. Joseph-François Angelloz

„Soirée turque" in der Mensa am 18. Mai 1953

40 Bergleute der Gruben Duhamel, Griesborn und Elm besuchen am 2. Juni 1953 unter anderem das Physikalische ...

... und das Zoologische Institut.

Rektor Prof. Dr. Joseph-François Angelloz
im Gespräch mit Repräsentanten der Studentenschaft

Vom 3. bis zum 13. Juli 1953 findet der Kongreß der „Nouvelles Équipes Internationales" an der Universität des Saarlandes statt. Die Aula präsentiert sich im Flaggenschmuck.

Anfang Oktober 1953 führt die Tagung der „Gesellschaft für Physiologische Chemie" auch zahlreiche ausländische Wissenschaftler nach Homburg. Gruppenfoto vor der Aula.

Bei der Begrüßung Prof. Dr. Robert Ammon, im Vordergrund links der dann im November 1953 mit dem Nobelpreis für Chemie ausgezeichnete Prof. Dr. Dr. h.c. Hermann Staudinger und Protokollant Dr. Franz-Josef Zapp.

Am 4. November 1953 zeigt Rektor Joseph-François Angelloz Ministerpräsident Johannes Hoffmann und dem französischen Botschafter Gilbert Grandval das Modell der Philosophischen Fakultät.

Dieser zweite Neubau wird nach Plänen des Architekten André Remondet und des Saarbrücker Bauleiters Hans Hirner errichtet und Ende 1954 / Anfang 1955 bezogen.

Weihnachtsfeier 1953 ...

... mit den Damen N.N., Noll, Hoffmann und Laubis.

Einweihung des Labors für Spektrographie im Physikalischen Institut am 28. April 1954.

Bei der Immatrikulationsfeier am 9. November 1954 präsentiert Rektor Prof. Dr. Joseph-François Angelloz erstmals die neue Amtskette mit der Inschrift „Universitas Saraviensis".

Das Gruppenfoto vor der Philosophischen Fakultät vereint die Teilnehmer des europäischen
Kolloquiums „L'Université et l'idée européenne" vom 4. bis 9. Juli 1955.

Der Professor für Innere Medizin Dr. Friedrich Doenecke stand als Dekan von 1951 bis 1955 an der Spitze der Medizinischen Fakultät.

Prof. Dr. Jacques-Émile Dubois (Physikalische Chemie) agierte von 1953 bis 1957 als Dekan der Naturwissenschaftlichen Fakultät.

Von 1950 bis 1960 lehrte Prof. Dr. Jacques Moreau Alte Geschichte in Saarbrücken und wirkte von 1953 bis 1957 als Dekan der Philosophischen Fakultät.

Der von den Studierenden als „Papa Senn" verehrte Prof. Dr. Félix Senn (Römisches Recht und Rechtsphilosophie) leitete von 1948 bis 1954 als Dekan die Rechts- und Wirtschaftswissenschaftliche Fakultät.

Zum internationalen Lehrkörper gehören unter anderem die Professoren Ernst Boesch (Psychologie) aus St. Gallen, ...

... Bela von Brandenstein (Philosophie) aus Budapest, ...

... Jean-Baptiste Duroselle (Neuere Geschichte) aus Paris, ...

... Jean Imbert (Römisches Recht) aus Calais, ...

... Daniel Kastler (Mathematik) – in der Mitte der ersten Reihe – aus Colmar ...

... und Robert Stämpfli (Physiologie) aus Bern.

Zum internationalen Flair tragen auch die Studierenden des als „Krone und Symbol" der neuen Universität gegründeten Europa-Instituts bei.

Es entwickeln sich enge Verbindungen zu den neuen europäischen Institutionen, wie auch dieser Besuch aus der Europa-Metropole Straßburg zeigt.

Auch sportliche Aktivitäten ....

... werden auf dem Campus gepflegt.

Die Fußballmannschaft der Rechtswissenschaftlichen Fakultät, um 1953

Für den Sieger der internationalen Fußballturniere mit anderen Universitätsmannschaften stiftet der Rektor den Angelloz-Wanderpokal, den Mitte Juli 1953 die Mannschaft aus Münster gewinnt.

Die Mannschaft des damals noch autonomen Saarlandes bei der Eröffnung der Internationalen Hochschulsportwoche in San Sebastian am 7. August 1955.

Die Auseinandersetzungen zwischen Befürwortern und Gegnern einer Europäisierung des Saarlandes im Vorfeld der Volksabstimmung vom 23. Oktober 1955 werfen aber auch in San Sebastian ihre Schatten voraus mit der meist mit dem Slogan „Der Dicke muß weg" verbundenen Karikatur des Kopfes des Ministerpräsidenten Johannes Hoffmann.

Vom 2. bis zum 10. September 1955 finden
die IV. Internationalen Theaterfestspiele
der Universitätsjugend in Saarbrücken
statt.

Vom 16. bis 22. September 1955 tagt die 5. Internationale Konferenz der Studentenpresse an der Universität des Saarlandes.

Im Umfeld bewegter politischer Diskussionen um Struktur und Zukunft der Universität erfolgt am 8. November 1955 die Immatrikulationsfeier. Der parteilose neue Finanzminister Prof. Dr. Adolf Blind – links – und der Direktor im Kultusministerium Prof. Dr. Eugen Meyer – rechts – begleiten Rektor Prof. Dr. Joseph-François Angelloz.

Der Protagonist der „Nein"-Sager bei der Volksabstimmung und Vorsitzende der Demokratischen Partei Saar, Dr. Heinrich Schneider, – im schwarzen Anzug – in der Mensa.

Sitzung des studentischen Parlaments, 1956

Das neue Studentenwohnheim C

Am 6. November 1956 demonstriert die Studentenschaft gegen den sowjetischen Einmarsch in Ungarn und das Suez-Abenteuer der Westmächte.

Der Einzug zur Rektoratsfeier am 14. November 1956 zeigt links den neuen Rektor Prof. Dr. Heinz Hübner mit Prorektor Prof. Dr. Gottfried Koller und Dekan Prof. Dr. Werner Maihofer.

Prorektor Prof. Dr. Koller vereidigt den neuen Rektor.

Am 18. November 1956 wird der erste protestantische Studentenpfarrer Dr. Egon Franz eingeführt – im Hintergrund links Rektor Prof. Dr. Heinz Hübner.

Der langjährige katholische Studentenpfarrer Lic. Dr. Peter Jung.

3

Die Universität des Saarlandes als moderne und jüngste deutsche Universität (1957 bis 1969)

Nach der Regelung der spannungsreichen Saarfrage durch den Luxemburger Vertrag und den entsprechenden Beschlüssen des saarländischen Landtages erfolgte am 1. Januar 1957 der politische Beitritt des Saarlandes zur Bundesrepublik Deutschland, während sich die wirtschaftliche Integration mit der Einführung der Deutschen Mark nach einer Übergangszeit am 6. Juli 1959 vollzog. Wegweisend wurden in der Universität des jüngsten deutschen Bundeslandes ein modernes Universitätsgesetz erarbeitet und eine neue Verfassung eingeführt. Unerachtet des Weges zur deutschen Landesuniversität mit einem profilierten Lehrkörper und engagierten Studierenden überwiegend aus der Region pflegte man weiterhin Traditionen und Einrichtungen mit deutsch-französischer und europäischer Prägung. Außerdem begann ein umfangreicher universitärer Ausbau auf dem Homburger und Saarbrücker Campus. Im schillernden und mythologisierten „Umbruchjahr" 1968, das im Mai auch den französischen Studentenführer Daniel Cohn-Bendit nach Saarbrücken führte, leitete Prof. Dr. Werner Maihofer die Universität als Rektor mit liberalem Profil und einer in der Republik vermutlich einzigartigen Politik des steten Dialogs und des Bemühens um Konsens zwischen den studentischen Reformforderungen und den Beharrungstendenzen in der Professorenschaft.

QUOD FELIX FAUSTUM FORTUNATUMQUE SIT
E PRIVILEGIIS IN

UNIVERSITATEM SARAVIENSEM

COLLATIS
AUCTORITATE ET AUSPICIIS SENATUS POPULIQUE SARAVIENSIS
RECTORE UNIVERSITATIS MAGNIFICO HENRICO HUEBNER
JURIS DOCTORE JURIS ROMANI PROFESSORE PUBLICO ORDINARIO
EX DECRETO ILLUSTRISSIMI PHILOSOPHORUM ORDINIS
EGO
JACOBUS MOREAU
PHILOSOPHIAE DOCTOR REBUS GRAECIS ROMANISQUE PERQUIRENDIS
DEDITUS PROFESSOR PUBLICUS ORDINARIUS
EIUSDEM ORDINIS HOC TEMPORE DECANUS
VIRUM SPECTATISSIMUM

CAROLUM LOHMEYER

SARAVIENSEM

❦ QUI UT PICTURAE ET FABRICAE CETERARUMQUE ARTIUM EXPERIENTISSIMUS
OBSERVATOR INSIGNIA VETERUM QUAE PRAECIPUE SAECULORUM POST INCAR-
NATIONEM XVII ET XVIII IN GERMANIAE UBI AD MERIDIEM OCCASUMQUE VERGIT
FINIBUS EXSTANT MONUMENTA STUDIOSISSIME PERPENDIT ❦ QUI UT PALATINI
MUSAEI CONSERVATOR EIUSDEM COLLECTIONES AUGENDAS CURAVIT LUCULEN-
TISSIMIS DISQUISITIONIBUS RECTO JUDICIO MIRA DOCTRINA INTERPRETATUS EST
❦ QUI UT OMNIBUS IN REBUS AD ARTES INVESTIGANDAS PERTINENTIBUS FACILE
PRINCEPS RATIONE AC VIA DE INSIGNIBUS ARTIFICIBUS DISPUTANDI OMNIUM
ANIMOS EXCITAVIT ❦ QUI UT VETERUM FABULAS FACETIAS NARRATIUNCULAS
QUAE CREBERRIMA APUD NOSTRATES VIGEBANT MEMORIA INTERPRETATUS SARA-
VIENSIUM CULTUM ATQUE HUMANITATEM IN HAC IPSA EORUNDEM INDOLIS NATURA
LIBRIS AC VERBIS PERSECUTUS EST

HONORIS CAUSA

PHILOSOPHIAE DOCTOREM

RITE AC LEGITIME CREAVI ET RENUNTIAVI IN EUMQUE OMNIA JURA
HONORES PRIVILEGIA QUAE HAC CUM DIGNITATE CONIUNCTA SUNT
CONTULI
CUIUS REI HAS LITTERAS TESTES ORDINIS PHILOSOPHORUM SIGILLO
MUNITAS MANU MEA SUBSCRIPSI

DIE XXII MENSIS JANUARII ANNI POST INCARNATIONEM MCMLVII

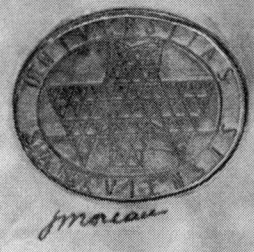

Die Philosophische Fakultät verleiht im Januar 1957 erstmals eine Ehrendoktorwürde an den
Nestor der südwestdeutschen Barockforschung, Geheimrat Dr. Karl Lohmeyer.

Am 26. Januar 1957 besucht Bundespräsident Prof. Dr. Theodor Heuss im neuen Bundesland Saarland auch die Universitätsbibliothek – links Prodekan Prof. Dr. Joseph Adolf Schmoll genannt Eisenwerth, rechts Rektor Prof. Dr. Heinz Hübner.

Ein Jahr später kommt der französische Botschafter in Bonn, Maurice Couve de Murville, – links – am 1. Februar 1958, begleitet von Rektor Hübner und Kultusminister Dr. Franz-Josef Röder.

Auf Einladung der Universität des Saarlandes besuchen die Freie Universität und die Technische Universität Berlin das neue Bundesland. Der Landtag bildet das Forum dieser „Hochschulbegegnung Berlin – Saarbrücken" vom 30. Juni bis 2. Juli 1958.

Nach der Einführung der Deutschen Mark am 6. Juli 1959 protestieren die Studierenden am 13. Juli am St. Johanner Markt gegen die durch den Währungswechsel von Franken zu Mark erhöhten Preise der Straßenbahnen.

Rektor Prof. Dr. Heinz Diedrich Wulff – links – erläutert am 5. November 1959 Bundespräsident Dr. Heinrich Lübke den universitären Ausbau, rechts Ministerpräsident Dr. Franz-
Josef Röder.

Den Ausbau dokumentiert nicht nur der Erweiterungsbau der Mathematisch-Naturwissen-
schaftlichen Fakultät 1959,

sondern auch ein Blick auf den Campus im Wandel des Jahrzehnts: 1950

1951

1953

1955

1956

1961 wird gerade, im Bild rechts, die Rechts- und Wirtschaftswissenschaftliche Fakultät errichtet.

1963 sind oben im Hintergrund die Neubauten der naturwissenschaftlichen Institute erkennbar.

Begrüßungsabend für die Studierenden am 12. Mai 1961 im neuen Deutsch-Ausländischen Clubhaus.

Am 5. Juli 1961 ernennt Rektor Prof. Dr. Helmut Stimm – links – den Geheimen Oberjustizrat und langjährigen Vorsitzenden des Universitätsrates, Dr. Heinrich Welsch, zum ersten Ehrensenator.

Der neue Rektor Prof. Dr. Gerhard Kielwein verpflichtet am 13. November 1963 die neu immatrikulierten Studierenden.

Die folgenden Fotos vermitteln Einblicke in die Medizinische Fakultät Mitte der 60er Jahre und zeigen beispielsweise das Verwaltungsgebäude, ...

... eine Anatomie-Vorlesung, ...

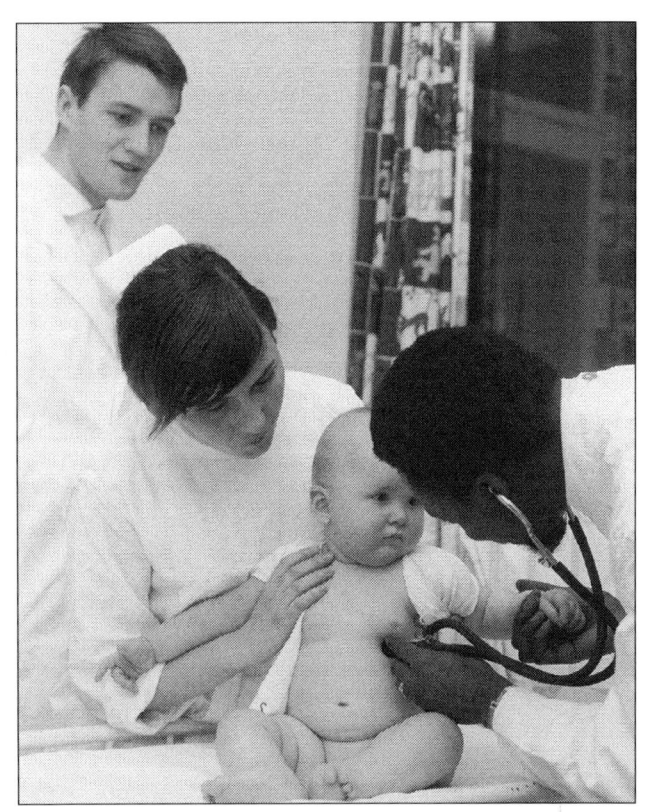

... die Kinderklinik, ...

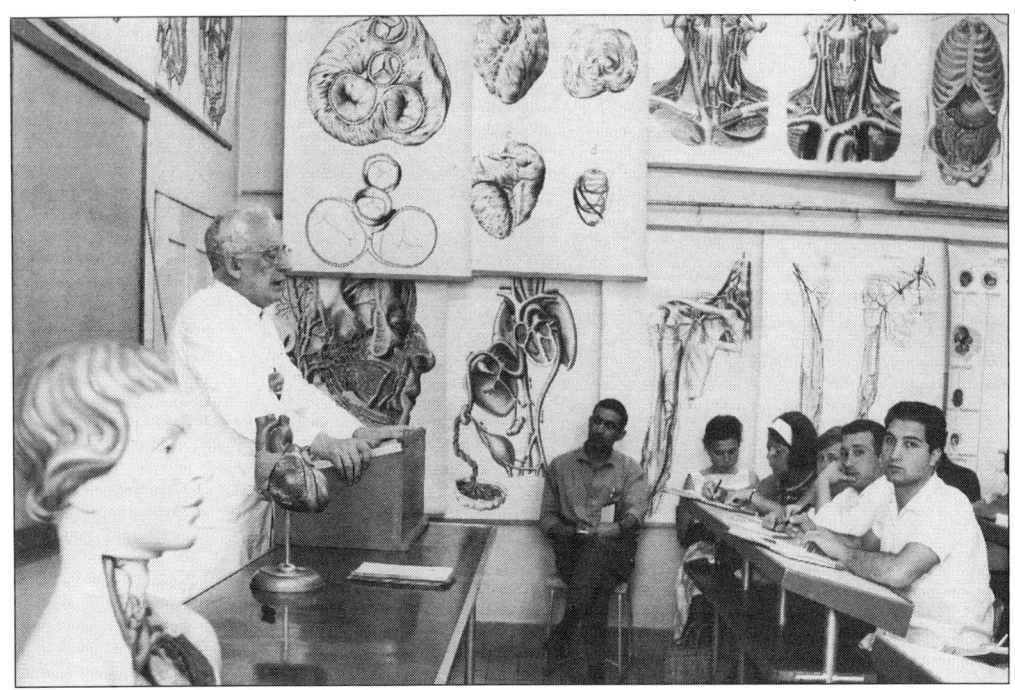

... eine Anatomie-Vorlesung mit Prof. Dr. Ernst Rolshoven, ...

... eine Chirurgie-Vorlesung mit
Prof. Dr. Heinrich Lüdeke, ...

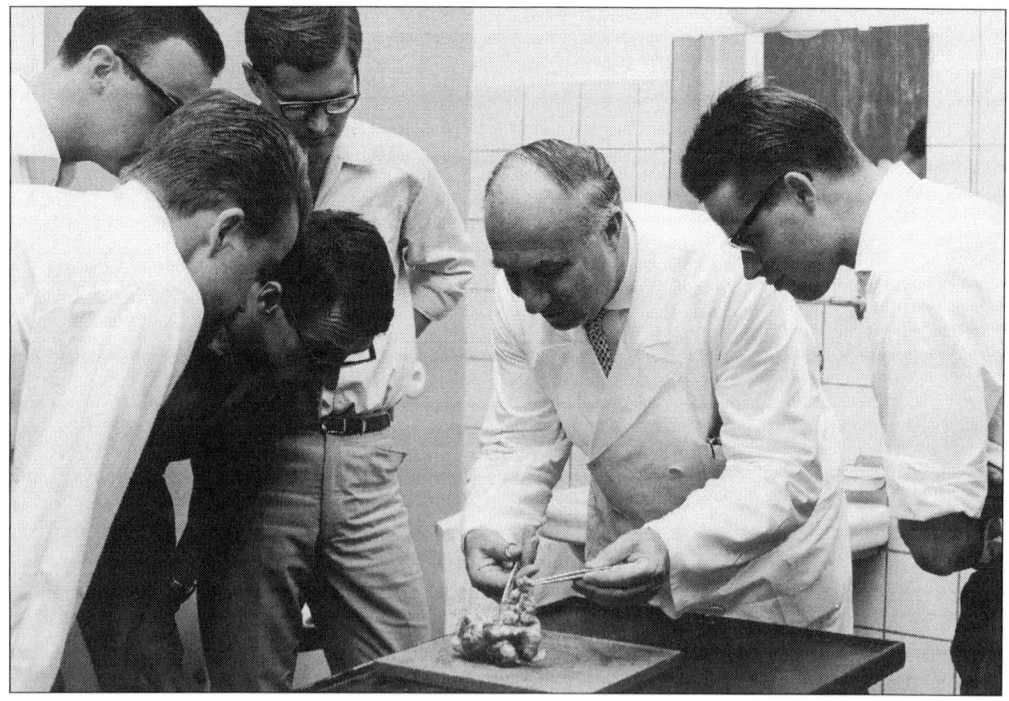

... eine Präsentation mit Prof. Dr. Hans Limburg (Gynäkologie), ...

... wartende Studenten und ...

... ein Physiologisches Praktikum.

Aus einer Aufführung der Deutsch-französischen Studentenbühne im Wintersemester
1964/65.

Am 12. Februar 1965 besucht Ministerpräsident Dr. Franz-Josef Röder – vierter von rechts – die Universität, unter anderem – links – begleitet von Rektor Prof. Dr. Conrad von Fragstein und Prorektor Prof. Dr. Gerhard Kielwein.

Am 15. Juni 1965 kommt Bundeskanzler Prof. Dr. Ludwig Erhard auf den Saarbrücker Campus, rechts Ministerpräsident Dr. Franz-Josef Röder.

Begegnung mit dem Bundeskanzler auf dem Campus.

Mit Ministerpräsident Dr. Franz-Josef Röder links und Rektor Prof. Dr. Conrad von Fragstein rechts.

Bei der Tagung der Deutschen Forschungsgemeinschaft Mitte Juli 1965 in Saarbrücken begrüßt Bundespräsident Dr. Heinrich Lübke den designierten Rektor Prof. Dr. Hermann Krings.

Bei seinem Besuch am 14. Juli 1966 begleiten Rektor Prof. Dr. Krings – links – und Verwaltungsdirektor Dr. Franz Letzelter – rechts – den Bundesminister für Wissenschaft und Forschung Dr. Gerhard Stoltenberg.

Am 25. Oktober 1967 erfolgen die Rektoratsfeier – beim Einzug Rektor Prof. Dr. Hermann Krings – links – mit seinem Nachfolger Prof. Dr. Werner Maihofer – rechts – ...

... und die Verpflichtung der neu immatrikulierten Studierenden letztmals im Talar.

Nach einer Demonstration von rund 500 deutschen und französischen Studierenden, Professoren und Assistenten wird am 13. Mai 1968 die Fahrbahn vor dem französischen Generalkonsulat in Saarbrücken blockiert, um „gegen das harte Einschreiten der französischen Polizei bei den Pariser Studentenunruhen zu protestieren und die Verwirklichung der Hochschulreform zu fordern".

Vor rund 2.000 Studierenden findet am 24. Mai 1968 in der Aula der Universität ein Teach-in mit Daniel Cohn-Bendit – am Pult – und dem SDS-Bundesvorsitzenden Karl-Dietrich Wolff statt.

Nachmittags begibt sich ein Demonstrationszug zum von deutscher und französischer Polizei abgeriegelten Grenzübergang Goldene Bremm, wo Cohn-Bendit spricht. Dem kurz zuvor aus Frankreich ausgewiesenen Studentenführer wird die Wiedereinreise nach Frankreich verweigert.

„Großes Studenten-Happening an der Goldenen Bremm"

Aus Protest gegen die Notstandsgesetze treten ab 27. Mai 1968 mehrere Studierende der Universität an der Berliner Promenade in den Hungerstreik.

Bei einem Happening gegen die Notstandsgesetze wird am 28. Mai 1968 vor der Mensa eine Strohpuppe – die „Demokratie" – verbrannt und vor dem Rektorat beerdigt.

Einen Tag später sprechen bei einer Kundgebung gegen die Notstandsgesetze auf dem Theatervorplatz auch Rektor Prof. Dr. Maihofer und der Politikwissenschaftler Prof. Dr. Christian Graf von Krockow.

Anstelle der ausgefallenen offiziellen Rektoratsfeier bieten die Studierenden am 25. Oktober 1968 eine Parodie als „Ersatzfeier" und äußern „ihr Unbehagen über den Stand der Hochschulreform".

Rund 1.500 Studierende protestieren am 22. November 1968 gegen die vom Konzil verabschiedete, aus ihrer Perspektive ungenügende Reform der Universitätsverfassung.

Die Auseinandersetzung dokumentiert auch dieses Flugblatt.

In Abwesenheit des Rektors besetzen am 11. Dezember 1968 rund 30 Studierende für elf Stunden das schließlich von der Polizei ohne Gewaltanwendung geräumte Rektorat. Im Zentrum links Prorektor Prof. Dr. Friedrich Loew und rechts Verwaltungsdirektor Dr. Hermann Josef Schuster.

Die Juristische Fakultät der Universität Nancy verleiht Rektor Prof. Dr. Maihofer am 17. Dezember 1968 die Ehrendoktorwürde wegen seines Engagements um die wissenschaftlichen Bindungen zwischen der Universität des Saarlandes und der „Mutteruniversität" Nancy.

Rektor Prof. Dr. Maihofer gratuliert beim universitären Winterball am 18. Januar 1969 der Sängerin Inge Brück.

4

Vom hochschulpolitischen Umbruch
zum neuen Jahrtausend (1969 bis 2008)

Dieser Ausblick beleuchtet die wichtigsten Ereignisse der vergangenen vier Jahrzehnte auf dem Saarbrücker und Homburger Campus und erinnert unter anderem an die Feierlichkeiten zum 25. und 50. Universitätsjubiläum, den Ausbau der internationalen Universitätspartnerschaften mit frühen, bahnbrechenden Vereinbarungen auch zu Hochschulen Ost- und Ostmitteleuropas und einer sich immer mehr verdichtenden Kooperation mit den benachbarten Universitäten in der Großregion Saarland, Lothringen, Luxemburg, Rheinland-Pfalz und Wallonien. Ebenso werden die Strukturdebatten, die bislang größte Demonstration der Universitätsgeschichte im Juli 1996 unter dem Motto „Eine Universität braucht ein Land" und der 50. Geburtstag des Europa-Instituts dokumentiert. Denn die traditionsreiche und interdisziplinäre Europa-Kompetenz, die auch im bundesweiten Exzellenz-Wettbewerb erfolgreiche Informatik und die Bio-Nanowissenschaften markieren die Schwerpunkte im gegenwärtigen Profil der Universität. Im Verbund mit den anderen Studiengängen in den acht Fakultäten und in vielfältigen internationalen Kooperationen eröffnen sich den Studierenden attraktive Studienangebote mit Zukunftsperspektive. Die verschiedenen Starter-Zentren und der architektonisch eindrucksvolle Science Park illustrieren die enge Verbindung zwischen Wissenschaft und Wirtschaft, zwischen Entdeckung, Innovation und Gründung.

Beim Besuch des amerikanischen Botschafters am 16. Oktober 1969 im Gespräch – von links – Prof. Dr. Dr. h.c. mult. Egon Stahl, Botschafter Kenneth Rush und Rektor Prof. Dr. Hellmuth Sitte.

Im Mai 1973 feiert die „Vereinigung der Freunde der Universität" ihren 20. Geburtstag mit – von links – Universitätspräsident Prof. Dr. Hans Faillard, Inge Krings, Altrektor Prof. Dr. Hermann Krings und dem Präsidenten der „Vereinigung", Dr. Eduard Martin.

Den Reigen der universitären 25-Jahr-Feier eröffnet die Medizinische Fakultät mit Dekan Prof. Dr. Gustav Adolf Jutzler am Rednerpult am 29. November 1973.

Zum Festakt in die Saarbrücker Kongreßhalle kommen einen Tag später auch – von rechts – Universitätspräsident Prof. Dr. Hans Faillard, der französische Generalkonsul Jehan de Latour, der französische Botschafter Jean Sauvagnargues und Kultusminister Werner Scherer.

Im Dezember 1973 demonstrieren die Studierenden „für sofortige Erhöhung der Ausbildungs-förderung".

Lagebesprechung während des Streiks im öffentlichen Dienst Mitte Februar 1974 mit Universitätspräsident Prof. Dr. Hans Faillard, Kanzler Dr. Herrmann Josef Schuster und Rolf Linsler von der ÖTV-Betriebsgruppe.

Bei ihrem Besuch im Juni 1975 treffen Bundespräsident Walter Scheel und seine Frau Dr. Mildred Scheel Studentinnen des „Institut Français".

Der Erlös des Plakettenverkaufs beim ersten „Tag der offenen Tür" am 16. Juli 1976 ist für den Universitätskindergarten bestimmt.

Einblicke in das AStA-Frauenreferat und ...

... die Universitätsdruckerei.

Am 26. Juni 1982 besuchen Rektoren brasilianischer Universitäten die Universität des Saarlandes, Universitätspräsident Prof. Dr. Paul Müller – zweiter von rechts – und Vizepräsident
Prof. Dr. Jürgen Domes – links.

Universitätspräsident Prof. Dr. Paul Müller – im Mittelkreis – beteiligt sich am 29. Juni 1982
am zweiten universitären Sport- und Spieltreff.

Im Rahmen ihren vielfältigen weltweiten Kooperationen knüpft die Universität wissenschaftliche Verbindungen nach Osteuropa. Rektor Prof. Dr. Kasimir Dobrowolski (Warschau) – links – und Universitätspräsident Prof. Dr. Paul Müller tauschen am 10. Juni 1983 die Vertragsurkunden aus.

Eine herausragende Bedeutung kommt auch der Zusammenarbeit in der Region Saarland-Lorraine-Luxembourg zu. In Pont-à-Mousson wird am 25. Oktober 1984 die „Charte de Coopération Universitaire Saar-Lor-Lux" unterzeichnet.

Außerdem schließt die Universität am 3. Juli 1987 in Leipzig einen Kooperationsvertrag mit der Karl-Marx-Universität. Bei der Begrüßung links Universitätspräsident Prof. Dr. Richard Johannes Meiser und der Leipziger Rektor Prof. Dr. Lothar Rathmann.

Wie in jedem Jahr verleiht die „Vereinigung der Freunde der Universität" im Dezember 1990 den „Dr.-Eduard-Martin-Preis" für herausragende Dissertationen.

Vor der neuen Serra-Plastik „Torque" auf dem Campus formiert sich am 2. Juli 1992 eine Demonstration gegen die Sparpolitik des Landes.

Im September 1993 legt Ministerpräsident Oskar Lafontaine den Grundstein für das Max-Planck-Institut für Informatik.

Bei seinem Besuch am 8. Februar 1995 trifft sich Bundespräsident Prof. Dr. Roman Herzog auch mit den Professoren und Studierenden des Europa-Instituts.

Am 8. März 1995 – 47 Jahre nach der Eröffnung des ersten Instituts in Homburg – besucht der französische Botschafter François Scheer – zweiter von rechts – die Universität.

Vor der größten Demonstration der Universitätsgeschichte unter dem Motto „Eine Universität braucht ein Land" am 11. Juli 1996 halten mehrere Professoren – wie hier Prof. Dr. Rainer Hudemann (Neuere Geschichte) – eine Vorlesung unter freiem Himmel in der Bahnhofstraße.

Am 26. April 1997 unterzeichnen die Präsidenten der Universität des Saarlandes und der Universität Nancy I Günther Hönn (rechts) und Jean-Pierre Finance (links) mit den Dekanen der Medizinischen Fakultäten – stehend von links Prof. Dr. Roland und Prof. Dr. Schieffer – eine Kooperation zur Förderung der Zusammenarbeit auf dem Gebiet der Medizin.

30 Jahre nach dem hochschulpolitischen Umbruchjahr 1968 beteiligen sich im Wintersemester 1997/98 auch die Studierenden in Saarbrücken und Homburg an den bundesweiten
Streikaktionen.

Beim Festakt „50 Jahre Universität des Saarlandes" am 19. November 1998 überreichen die beiden Universitätspräsidenten Günther Hönn – Mitte – und Jean-Pierre Finance – links – (Nancy I) zum Abschluß des ersten deutsch-französischen Promotionsverfahrens die Urkunden an Dr. Eleanor Cashin-Ritaine.

Den glanzvollen Abschluß der Festwoche zum Universitätsjubiläum bildet am 20. November 1998 der „Ball im Schloß" – unter anderem mit einer Präsentation der farbenprächtigen Tanzgruppe des Sportwissenschaftlichen Instituts.

Am 30. August 1999 wird auf dem Homburger Campus das Starterzentrum 3 eröffnet.

Am 15. Dezember 2000 erfolgt die festliche Übergabe der Präsidentschaft an die neue Universitätspräsidentin Prof. Dr. Margret Wintermantel, hier mit Minister Jürgen Schreier.

Bei der 50-Jahr-Feier des Europa-Instituts präsentiert die Präsidentin des Bundesverfassungsgerichts Prof. Dr. Jutta Limbach am 15. Juni 2001 den Festvortrag über „50 Jahre deutsche Verfassung in Europa".

Die Promotions- und Magisterfeier der Philosophischen Fakultäten am 25. Juni 2001.

Am 3. April 2004 legen in Homburg der bekannte spanische Tenor José Carreras, der Pionier der Tumorimmunologie Prof. Dr. Michael Pfreundschuh und die Repräsentanten von Universität, Fakultät, Universitätsklinikum und Landesregierung den Grundstein zum Neubau des Forschungsgebäudes der Inneren Medizin I mit José-Carreras-Zentrum für Immun- und Gentherapie.

Der am 16. Juni 2005 eröffnete, auch architektonisch eindrucksvolle Science Park 2 verbindet Wissenschaft und Wirtschaft und bietet Raum für unternehmerische Visionen.

Während der ersten „Langen Nacht der Wissenschaften" der Medizinischen Fakultät am 23. November 2005 betrachten Kinder in der Neuroradiologie Bilder eines Kernspintomografen.

Am 23. Januar 2007 besucht Bundespräsident Horst Köhler mit Ministerpräsident Peter Müller und Universitätspräsident Prof. Dr. Volker Linneweber das Leibniz-Institut für Neue Materialien auf dem Saarbrücker Campus.

In einem Oldtimer weihen Wissenschaftsminister Jürgen Schreier und Universitätspräsident Prof. Dr. Volker Linneweber am 27. Juli 2007 das neue Parkhaus Ost ein.

Am 19. Oktober 2007 erringt die Saarbrücker Informatik einen „Doppelsieg" im bundesweiten Exzellenz-Wettbewerb. In den nächsten fünf Jahren werden eine internationale Graduiertenschule und ein Exzellenzcluster gefördert. Von links: Ministerpräsident Peter Müller, Prof. Dr. Hans-Peter Seidel, Prof. Dr. Raimund Seidel und Universitätspräsident Prof. Dr. Volker Linneweber.

Am 24. April 2008 verleiht die Naturwissenschaftlich-Technische Fakultät II dem Nobelpreisträger für Physik 2007 Prof. Dr. Dr. h.c. Peter Grünberg die Ehrendoktorwürde.

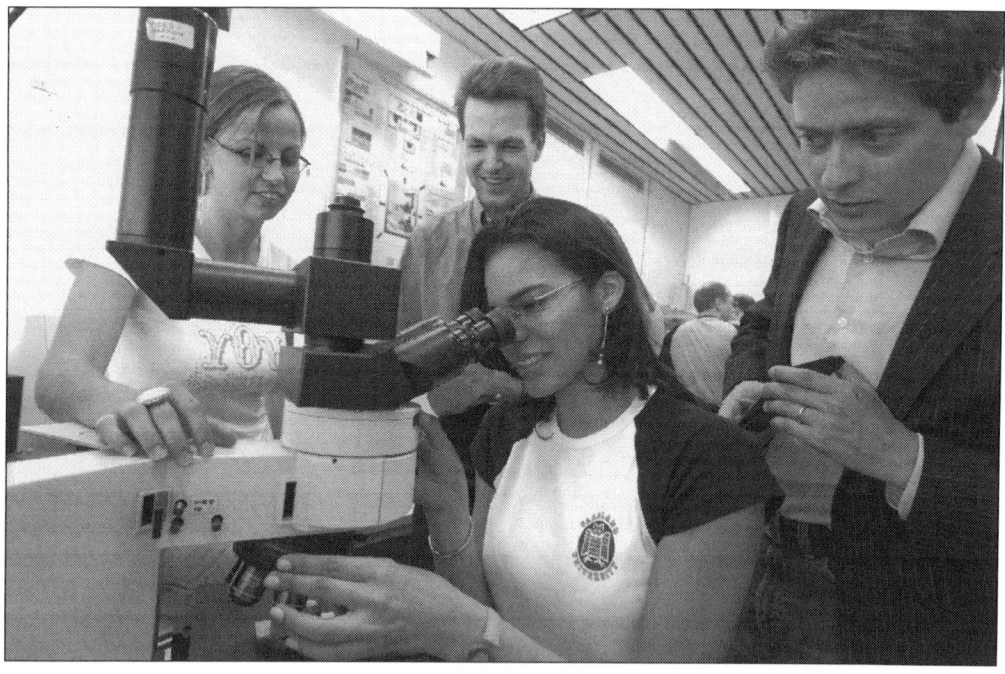

Experimentieren im Bereich Materialwissenschaften und Werkstofftechnik ...

... und Lernen ...

... auf dem Saarbrücker Campus im Jahre 2008.

Die Heimat entdecken!

Von Kiel bis Wien,
von Aachen bis Görlitz:
Entdecken Sie Alltagsgeschichten
aus Ihrer Heimatstadt!

Leben in der Großstadt …

Tauchen Sie ein in das quirlige Großstadtleben vergangener Tage. Spazieren Sie über breite Boulevards und stürzen Sie sich ins Nachtleben. Erkunden Sie ihre Stadt durch die Fensterscheiben einer Straßenbahn oder des ersten Käfers und bewundern Sie prächtig geschmückte Schaufenster.

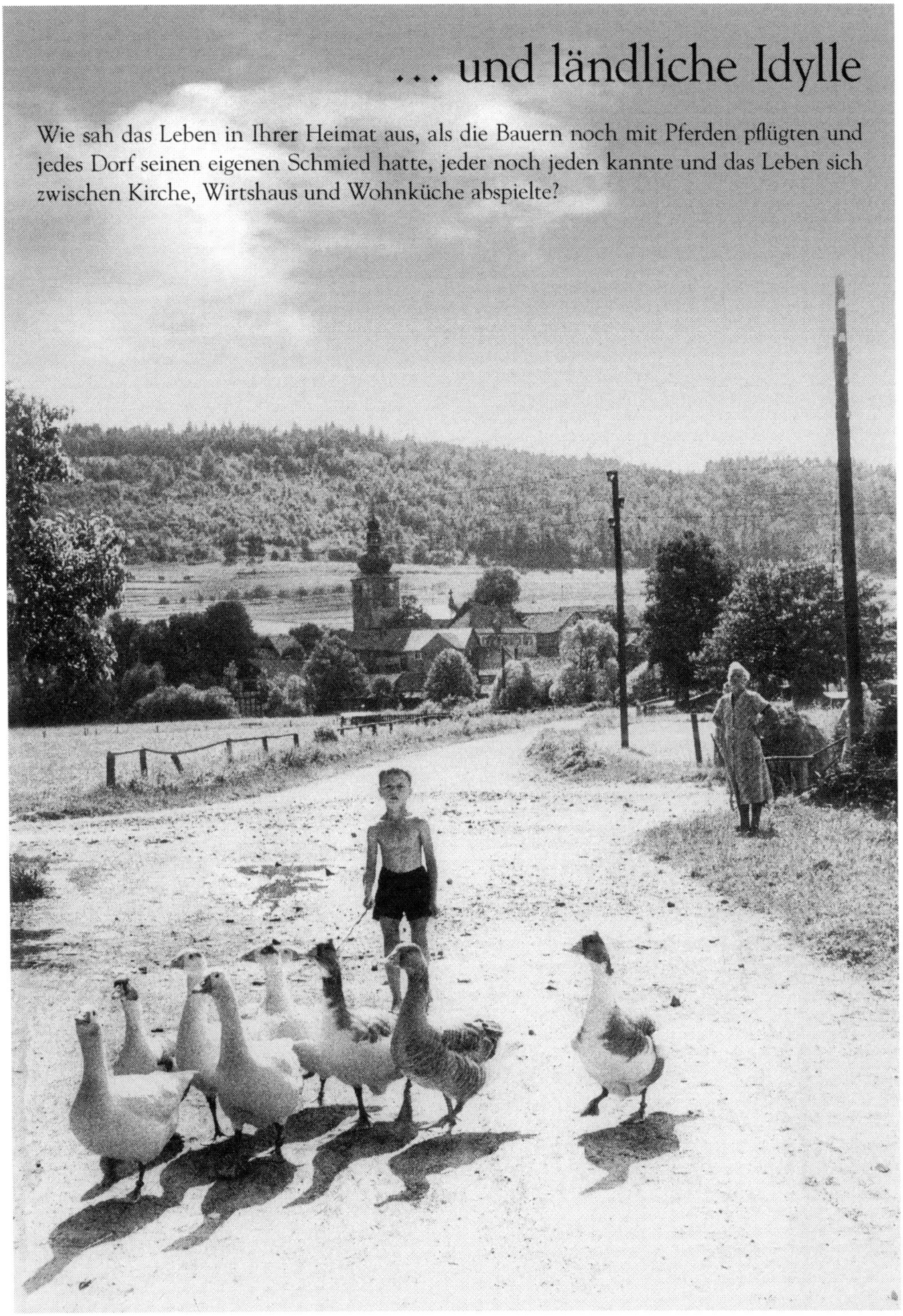

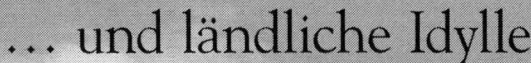

… und ländliche Idylle
Wie sah das Leben in Ihrer Heimat aus, als die Bauern noch mit Pferden pflügten und jedes Dorf seinen eigenen Schmied hatte, jeder noch jeden kannte und das Leben sich zwischen Kirche, Wirtshaus und Wohnküche abspielte?

www.suttonverlag.de

Erinnerungen an die Schulzeit …

Erinnern Sie sich noch an die Zeiten von Abakus und Schiefertafel, an Klassenausflüge oder den ersten Taschenrechner? Blicken Sie zurück auf große Klassen und gestrenge Schulmeister, entdecken Sie auf Klassenfotos Freunde und Bekannte von früher!

... und das Arbeitsleben

Entdecken Sie, wie sich das Arbeitsleben in den letzten hundert Jahren verändert hat. Werfen Sie einen Blick in Fabrikhallen, blicken Sie Handwerksmeistern bei ihrer Arbeit über die Schulter und erinnern Sie sich an den Einkauf im Tante-Emma-Laden.

Gesellige Stunden im Verein ...

Fußballclub und Schützenverein, Musikkapelle und Gesellenverein: Schauen Sie zurück auf Volksfeste und Turniere, Chorproben oder Prunksitzungen. Erinnern Sie sich an schöne Stunden und das gesellschaftliche Leben in Ihrer Heimat.

... und im Familienkreis

Werfen Sie einen Blick in die Wohnzimmer vergangener Tage und entdecken Sie, wie sich zwischen schweren Eichenmöbeln, Nierentischen und Ikea-Regalen der Alltag verändert hat. Erleben Sie Familienfeiern und Weihnachtsfeste im Wandel der Jahrzehnte mit.

www.suttonverlag.de

Alltagsgeschichte in historischen Fotos zu über 1000 Regionen, Städten und Gemeinden

Bestellen Sie jetzt
Ihr persönliches Exemplar auf

www.suttonverlag.de

Zeitfracht Medien GmbH
Ferdinand-Jühlke-Straße 7
99095 Erfurt, Deutschland
produktsicherheit@kolibri360.de

Druck:
CPI Druckdienstleistungen GmbH
im Auftrag der
Zeitfracht Medien GmbH
Ein Unternehmen der Zeitfracht - Gruppe
Ferdinand-Jühlke-Str. 7
99095 Erfurt